話す力 聞く力 がぐんぐん育つ

発表の時間

❷ 理解が深まる話し合い

Gakken

https://gakken-ep.jp/extra/happyotime/

2巻 もくじ

はじめに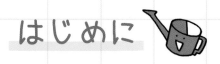

「発表」とはなんでしょうか？

　この本では、「自分の考えを伝えること」を発表と考えて、いろいろな発表の仕方を紹介しています。

　1巻では、たくさんの人の前で、自分の考えや伝えたいことを話す場面、2巻では、自分の考えを伝えながら、相手の考えも引き出す、対話の場面を取り上げました。

　自分の考えをきちんとまとめ、わかりやすく話す力、また、相手の考えをよく聞いて、正しく理解する力は、大人になってからも役に立つ、とても大切な力です。この「話す力」と「聞く力」を身につけていれば、周りの人とコミュニケーションを取りながら、新しい考えを生み出すこともできるのです。

みなさんは、「発表」は得意ですか？

　緊張してうまく話せなかったり、相手の考えがうまくつかめなかったりすることもありますよね。この本にも、発表の苦手な3人の友だちが登場します。3人とも、発表には自信がない様子…。

　でもそれは、発表のコツを知らないだけです。ほんの少しの工夫と練習で、見違えるほど上手に発表できるようになります。3人といっしょに発表のコツをひとつひとつ学んで、「話す力」と「聞く力」の花を咲かせましょう！

この本の使い方

この本には、「準備の時間」のページとワークシートのページ、
「発表の時間」と「聞く時間」のページがあります。

「準備の時間」では、上手な発表をするために、どのように準備をしたらいいかを説明しています。発表のコツもたくさん紹介しているので、本番の前にじっくり読んでおきましょう。

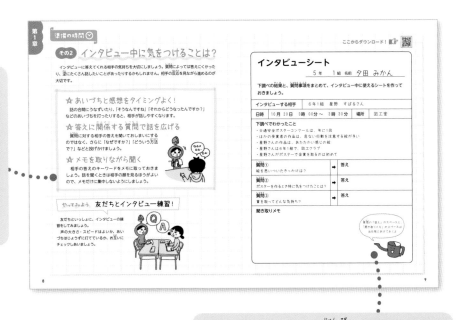

右ページは、発表の準備に使えるワークシートの記入例です。右上のQRコードから、白紙のワークシートのダウンロードページにアクセスできます。巻末には、コピーして使えるワークシートがあります。

「発表の時間」では、上手な発表の例を紹介しています。どのように発表しているか、聞き手になったつもりで読んでみてください。発表本番で気をつけたいポイントも説明しているので、チェックしておきましょう。

「聞く時間」では、発表の聞き手として気をつけたいポイントを紹介しています。話し手と聞き手とが力を合わせて、よりよい発表の時間を作りましょう。

インタビュー名人になろう！

情報は本やインターネットなどで探すこともできますが、
知りたいことを実際の声として聞き、生きた情報を得られるのがインタビューです。
相手が気持ちよく話せる雰囲気の中で、会話を掘り下げ、話を引き出します。

交通安全ポスターで金賞を取った友だちに
インタビューすることになったみたい。
でも、おしゃべりとインタビューでは
何が違うのか、よくわかっていない様子だね。

その1 インタビュー成功のひけつは下調べ

　インタビューを成功させるために、準備をしっかりしておきましょう。何のためにインタビューするのかを、相手にも伝わるようにすることが大切です。また、下調べをしっかりすることで、相手との会話を深めることができます。

☆ 申し込むときに「何が聞きたいか」を伝えておく

　電話・手紙・メールなどで、インタビューの目的と質問したいことを簡単に伝えて申し込みます。相手の都合を聞いて日時と場所を決めます。

☆ 聞くテーマと相手について調べておく

　インタビューのテーマと相手について知っておきましょう。調べたことはインタビューの際に参照できるようメモしておきます。

☆ 質問を整理しておこう

　質問の数はなるべく絞ること。大きな質問のテーマを3つほど立て、それに関係する質問をいくつか用意しておくとよいでしょう。

やってみよう　下調べをしっかり‼

インタビューを成功させるために、しっかり下調べをしておきましょう。
例えば、「交通安全ポスターで金賞を取った友だち」にインタビューするなら…

交通安全ポスターコンクールについて
・金賞を受賞したのはどんな作品？
・ほかの受賞者の作品は？　　　　など

インタビュー相手について
・何年何組？
・これまでに賞を取ったことは？　など

その2 インタビュー中に気をつけることは?

インタビューに答えてくれる相手の気持ちを大切にしましょう。質問によっては答えにくかったり、逆にたくさん話したいことがあったりするかもしれません。相手の反応を見ながら進めるのが大切です。

☆ あいづちと感想をタイミングよく!

話の合間にうなずいたり、「そうなんですね」「それからどうなったんですか?」などのあいづちを打ったりすると、相手が話しやすくなります。

☆ 答えに関係する質問で話を広げる

質問に対する相手の答えを聞いておしまいにするのではなく、さらに「なぜですか?」「どういう方法で?」などと投げかけましょう。

☆ メモを取りながら聞く

相手の答えのキーワードをメモに取っておきましょう。話を聞くときは相手の顔を見るほうがよいので、メモだけに集中しないようにしましょう。

やってみよう　友だちとインタビュー練習!

友だちといっしょに、インタビューの練習をしてみましょう。

声の大きさ・スピードはよいか、あいづちはじょうずに打てているか、お互いにチェックしあいましょう。

インタビューシート

5 年　　1 組　名前　夕田　みかん

下調べの結果と、質問事項をまとめて、インタビュー中に使えるシートを作って
おきましょう。

インタビューする相手	6年1組　星野　すばるさん		
日時	10月 20日　3時 00分〜　3時 30分	場所	図工室

下調べでわかったこと
・交通安全ポスターコンクールは、年に1回
・ほかの受賞者の作品は、あぶない行動を注意する絵が多い
・星野さんの作品は、あたたかい感じの絵
・星野さんは6年1組で、図工クラブ
・星野さんがポスターで金賞を取るのは初めて

質問① 絵を思いついたきっかけは？	➡	答え
質問② ポスターを作るとき特に気をつけたことは？	➡	答え
質問③ 賞を取ってどんな気持ち？	➡	答え

聞き取りメモ

質問の「答え」のスペースと、
「聞き取りメモ」のスペースは
当日用にあけておくよ

準備の時間 🕐

その3　インタビューのマナー

相手が気持ちよく話せるように、はじめのあいさつはしっかりと。たとえ相手が年下だったり、友だちだったりしても、必ず敬語を使うこと。最後はインタビューを受けてくれたことへの感謝を忘れずに伝えましょう。

☆ はじめのあいさつ、終わりのあいさつ

自己紹介し、インタビューの目的と聞きたいことを簡単に伝えて「よろしくお願いします」と言ってはじめます。最後は「ありがとうございました」と、きちんとお礼を言って終わります。

☆ ていねいな言葉で話そう

インタビューする相手にはていねいな言葉（敬語）で話しましょう。相手にきちんとした印象を与えることができます。

よろしく
おねがい
します

☆ 相手の話は最後まで聞く

相手の話を途中でさえぎらず、最後まで聞きましょう。区切りがついたところで次の質問に移ります。

やってみよう　**敬語を使いこなそう**

敬語クイズです。正しいのはどっち？

行った	➡	先生は：いらっしゃいました／参りました
見た	➡	私は：ご覧になりました／拝見しました
もらった	➡	私が：頂きました／お受け取りになりました
食べた	➡	先生は：召し上がりました／頂きました
言った	➡	先生は：おっしゃいました／申し上げました
来る	➡	私が：参ります／いらっしゃいます

クイズの答え　いらっしゃいました／拝見しました／頂きました／召し上がりました／おっしゃいました／参ります

インタビューのお礼を伝えよう

インタビューの後には、お礼の気持ちを書いたメールや手紙を送りましょう。お礼のメッセージは時間がたつと送りにくくなってしまうものです。インタビューした日か、翌日には送るようにしましょう。

☆ メールアドレスや住所を確認する

お礼を伝えることもインタビューのうち。メールアドレスや、手紙の送り先の住所を聞いておきましょう。

☆ 素直なお礼の気持ちを伝えよう

インタビューのどんなところが心に残ったか、どんなふうに役に立ちそうかなどを、具体的に伝えましょう。

☆ ていねいに書く

手紙なら、読みやすい字でていねいに書きましょう。字の間違いがないかなども、送る前に必ず確認しましょう。

やってみよう　お礼の手紙を書いてみよう

右は、夕田さんが書いたお礼の手紙です。「ありがとうございました」と伝えるだけではなく、インタビューをして心に残ったことを伝えています。また、インタビューしたことを生かして、これからどうする予定なのかも知らせています。

星野すばるさん

先日はインタビューにこたえてくださってありがとうございました。

星野さんが、自分の小さいころのことをもとに、ポスターをかいたと聞いて、おどろきました。

お聞きしたことは、来月の学校新聞の記事になるので楽しみにしていてください。

ありがとうございました。

五年一組　夕田みかん

発表の時間 🕐

作品のこと、教えてください!

お祝いの言葉は最初に伝えよう

Q

星野さん、金賞受賞おめでとうございます！交通安全のポスターは、危ない行動を注意する、少しこわい絵が多い中、星野さんの絵は見てあたたかい気持ちになりますね。この絵を思いついたきっかけを教えていただけますか？

事前に調べたことをもとに、自分が感じたことを伝えよう

A

ありがとうございます。ぼくは2年生のとき、自転車に乗っていて転んでしまったことがあったんです。でも、おばあちゃんが買ってくれたヘルメットをかぶっていたので、大きなケガをせずに済みました。そのときの思い出をもとに描きました。

インタビューを受けるときは

　インタビューを受ける側になったときは、相手が何を聞きたいのかをくみ取ることが大切です。質問の意図がわかったら、相手に理解できる表現で、また、メモを取りやすいようにゆっくりと答えましょう。説明が長くなる場合には、最初に結論を言ってから説明に入るなど、わかりやすい話し方を心がけます。

3つのポイント

❶ 質問の意図を理解することを心がけよう

❷ メモを取りやすいように、ゆっくりはっきり話そう

❸ 相手にわかりやすい表現で答えよう

A

　いいえ。モデルは、ぼくではありません。小学生でも、中学生でも、ヘルメットをかぶることは大切だと思ったので、あまり小学生っぽくなりすぎないように、気をつけて描きました。

Q

　自分の体験をもとにしているんですね！では、この絵のモデルも、2年生のころの星野さんなのですか？

あいづちを打ちながら話を聞こう。驚きや、興味を示すあいづちは話を引き出すコツ

Q

　星野さん、今日はインタビューの時間を取ってくださり、ありがとうございました！

13

デジタルで伝えよう

オンラインでインタビューをしてみよう

※オンライン…パソコンなどのデジタルツールがインターネットなどのネットワークにつながっている状態。

オンラインでインタビュー？

インターネットを利用すれば、オンラインでインタビューをすることができます。専用のアプリなどを通じて、遠く離れた人の話を聞くこともできるのです。対面でのインタビューよりも、日時や場所の調整が簡単で、機器の環境が整えば手軽に行えます。ただ、対面よりもその場の雰囲気がわかりにくいこともあるので、注意が必要です。

オンラインのインタビューの特徴

ここが便利

- 遠く離れた場所にいる人にも話を聞ける
- 日時や場所の調整が簡単
- 機器などがあれば手軽にできる

注意点

- 場の雰囲気が伝わりづらい
- 手際よく進めるための準備が重要

機器を準備する

パソコンやタブレット端末などの機器を準備します。また、マイクやイヤホンがあると、おたがいの声が聞き取りやすくなります。対面でインタビューするときと同じように、メモも用意しておきましょう。

使うアプリを選んで相手に伝えておく

インタビューに使えるアプリにも、いろいろな種類があります。先生やおうちの人に相談しながら、自分に合うものを選びましょう。インタビューの相手には、使うアプリと質問項目をなるべく早く知らせて、確認してもらいます。

準備を念入りに！

オンラインでのインタビューは、静かな室内で行いましょう。カメラをオンにすると、背景が映り込むため、部屋の中はきちんと片づけておきましょう。また、その部屋で機器やアプリが正常に作動するか、事前にチェックするのも忘れずに。

成功のカギ

- 静かできれいな部屋を準備！
- ゆっくり
  ていねいに話す！
- 声を出さずに
  あいづち!!

ゆっくりていねいに、聞き取りやすく話す

スピーカーを通すと、声が聞き取りにくくなることがあります。対面で話すときよりも、ゆっくりていねいに話すように心がけましょう。また、逆に相手の声がうまく聞き取れなかったときは、「すみません。もう一度お願いします」などと遠慮せず聞き返しましょう。

うなずきが効果的

相手の話の最中に声を出してあいづちを打つと、マイクが音を拾ってしまいます。相手の話のじゃまになってしまうこともあるので、なるべく声は出さないようにしましょう。でも、無反応では、「ちゃんと聞こえているかな？」と相手を心配させてしまうかもしれません。声を出さずに、うなずいたり、ほほえんだりすることで、相手の話をしっかり聞いていることを伝えましょう。

遠足の行き先を話し合おう

みんなで意見を出し合えば、ひとりでは思いつかなかったような考えに触れることができます。
みんなの意見を聞くことで、自分の意見がよりはっきりすることもあります。
勝ち負けを決めるのではなく、おたがいを理解し、考えを深めるのが話し合いの目的です。

話し合いで遠足の行き先を
決めることにしたんだって。
まずはグループに分かれて話し合う
ことになったけれど、なんだか
バラバラになっちゃってるね。

その1　話し合いをする前に

　もし、遠足の行き先を、話し合いではなくくじ引きで決めたとしたらどうでしょう。くじでは、一人ひとりが本当に行きたい場所や、そこに行きたい理由を知ることはできません。話し合いは、一人ひとりを尊重し、みんなの意見に耳をかたむけるために行うものです。

☆話し合いは言葉のキャッチボール

　話し合いは「言い合い」とは違います。おたがいが、相手の言葉を受け止めて、その上で自分の考えを伝えたり、問いかけたりする、「言葉のキャッチボール」が必要です。

☆ 自分の意見をはっきりさせる

　はじめは自分の意見がはっきりしていなくても、人の意見を聞くと「賛成」「反対」を決められます。ほかの人の意見を聞くことで、なぜ自分はそう思うのかが明確になったり、思いも寄らない視点を付け加えたりすることができます。

☆「司会」や「書記」を決めておく

　話し合いはメンバーで協力して行います。話し合いをリードする司会役や、みんなの発言を記録する書記役を決めてもよいでしょう。全員の意見と反対意見をまんべんなく集めることができます。

やってみよう　「言葉のキャッチボール」に挑戦

　相手の言葉を受け止めて、自分の言葉を投げかけ、今度は相手が受け止めて…というのはキャッチボールに似ています。どれくらいやりとりを続けられるか、ゲームのつもりでやってみましょう。

ステップ1
相手に1つ質問をする

好きな動物はなんですか？

ステップ2
質問の答えと、おまけの情報を付け加える

ネコです。家でもかっています

ステップ3
1つ目の質問に関係する質問を返す

なにかペットをかっていますか？

準備の時間 ⊘

その2 自分の意見をまとめておこう

　話し合いをする前に、自分の意見をまとめておきます。自分はどうしたいのか、そしてその理由は何かを考えてみましょう。理由までしっかり説明できれば、説得力のある意見になります。

☆ 自分の考えを整理しておく

　話し合いの中で自分の意見を言えるように、事前に考えを整理しておきましょう。話し合いのテーマについて調べておくことも大切です。調べたことについてどのように考えたかをまとめておきます。

☆「なぜそう思ったか」も考える

　自分の意見が整理できたら、その意見を持った理由を考えましょう。理由がはっきりしていれば、意見を理解してもらいやすくなります。「なぜ?」「どうして?」と自分に問いかけて、考えを深めましょう。

☆ 質問を予想して、答えを用意する

　意見を伝えたら、みんなはどう反応するでしょうか。質問されたり反対されたりしそうな点を予想して、それに対してどう答えるか考えておきましょう。

> ぼくの考えは…

やってみよう　ワークシートで自分の意見を整理しよう

　19ページのワークシートを使って、自分の意見をまとめてみましょう。

　テーマについて、本やインターネットを使って調べたことをまとめておくと、話し合いのときに役立ちます。さらに、自分の意見と、なぜそう思ったかの理由を書き出します。もし意見が思いつかなければ、思いつかない理由を考えてみましょう。

意見まとめシート

5 年　　2 組　名前　相田 かい

話し合いのテーマについて、調べたことをまとめましょう。
調べたことを踏まえて、自分がどう思うかを書き、その理由も考えましょう。

話し合いのテーマ

遠足の行き先

テーマについて調べたこと

・去年はひまわり山でハイキングをするはずだったが、雨で中止になった。

・となり町のおひさま動物園で、理科の教科書に出ている動物が見られる。

・おひさま動物園はとても広くて、おべんとうが食べられる広場もある。

自分の意見

おひさま動物園に行きたい。

なぜそう思うのか

・理科の教科書に出ている動物を見てみたいから。

・調べ学習にも役立つから。

・みんなでいっしょにおべんとうを食べたいから。

話し合いの
ときには、意見と理由を
セットで伝えよう！

準備の時間 ⏱

その3　自分の意見を伝えよう

　自分の意見とその理由は、セットで伝えましょう。そうすることで意見に説得力が生まれます。話し合うときは、自分の意見をみんながどう受け止めるかも考えながら話しましょう。

☆ 意見と理由はセットで伝える

　自分がどう思ったのか（意見）と、なぜそう思ったのか（理由）は、合わせて伝えましょう。しっかりとした理由があれば、説得力のある意見になり、聞き手の心を動かすことができます。

☆ 事実と意見を区別する

　「ネコはライオンより小さい」というのは、誰が見ても変わらない事実です。でも、「ネコは動物の中でいちばんかわいい」というのは、その人の意見です。人によっては別の意見を持つかもしれません。事実と意見を区別して話すことを意識しましょう。

☆ 自分ばかり話さない

　ひとりがずっと話していては、みんなの意見を聞くことができません。全員の意見を出し合えるように、発言時間のバランスに気をつけましょう。

やってみよう　みんなに伝わる言い方を考えよう

　話し合いの結果に、みんなが納得できるのが理想的。言いたいことだけ言いっぱなしにするのではなく、「これを聞いたら相手はどう思うかな？」と考えてみましょう。

理由を伝える

例を挙げる

みんなの意見も聞く

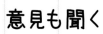

みんなの意見に耳をかたむけよう

はじめに、それぞれが準備してきた意見を出し合います。誰かが意見を言っているあいだは、ほかの人は口をはさまずに最後まで聞きましょう。みんなの意見がひととおり出そろったら、賛成や反対や付け足しの意見、または質問を交換していきます。

☆ 意見の違いは、あって当然

　一人ひとりの顔や声が違うように、意見も異なります。違う意見は、おたがいを傷つけるものではありません。相手と違う意見を言うときも、相手の人格を否定する言い方をしないように心がけましょう。

☆ 同意と付け足しの意見を伝えよう

　話を聞いて納得したら「〇〇について、私も同じ考えです」と、同意を伝えましょう。さらに付け足しの意見があれば、合わせて伝えると、みんなの考えを深めるきっかけになります。

☆ 反対意見は「クッション言葉」でやわらかく

　反対意見を言うときには、いったん相手の意見を受け止める「クッション言葉」を使いましょう。冷やかしたり、相手を傷つけたりするような言い方は厳禁です。

やってみよう 「クッション言葉」を活用しよう

　反対意見を言ったり、断ったりするときには、その前に「クッション言葉」を用いると印象がやわらぎます。例えば、こんな言い方をしてみましょう。

「そうなんですね。ぼくの考えはちょっと違っていて…」
「その気持ち、わかります。でも、もしかしたら△△かもしれません」
「それもいいですね。私は◇◇もいいと思うんですが…」
「なるほど、よくわかります。ところで、〇〇についてはどうでしょうか?」

その5 みんなの意見をまとめよう

　話し合いは時間を決めて行います。ひとつの意見に対して「それもそうだ」とみんなが納得することもあれば、反対意見が出ることもあるでしょう。あるいは、意見が発展していく場合もあります。終了時間になったら、交わされた意見を集めて振り返り、まとめましょう。

☆ 途中で意見を整理する

　話し合いの中で、いろいろな意見が出てきたら、ときどき「今は〇〇と□□の意見が出ています」というように、整理をするとよいでしょう。

☆ 話がそれたら元に戻す

　話題が関係ない方向に流れそうになったら、「その話は別の機会にすることにして、今は△△について話しましょう」と元に戻します。

☆ なるべくひとつの意見にまとめる

　最後はできるだけみんなの意見をひとつにまとめましょう。でも、ときには、意見が分かれたままのこともあります。たとえ結論が出なくても、どういう話し合いの結果になったかを共有できるようにします。

やってみよう　議事録をとってみよう

　議事録は、話し合いの記録です。どんな意見が出たか、反対意見はどんなものだったかなどを記録しておくことで、話し合いを振り返ることができます。グループの中で記録係（書記）をひとり決めてもよいですし、一人ひとりが手元のメモに残してもよいでしょう。

話し合いの記録

5 年　2 組　名前　相田 かい

みんなの意見を記録しておきましょう。話し合いの最中は、簡単にメモをとっておいて、あとできれいにまとめてもよいでしょう。

9 月　10 日 (水)　4 時間目

話し合いのテーマ	遠足の行き先

発表した人	意見の内容
春山 さん	(意見) ひまわり山でハイキングをしたい。 (理由) 去年、雨で中止になって行けなかったから。
夏野 さん	(意見) おひさま動物園に行きたい。 (理由) 理科の教科書に出ている動物が見られるから。
秋川 さん	(意見) おひさま動物園に行きたい。 (理由) 秋から動物とのふれあいイベントがあるから。
相田 さん （自分）	(意見) おひさま動物園に行きたい。 (理由) 動物園の広場でみんなとおべんとうを食べられるから。

話し合いの結果

ひまわり山でハイキングをするか、おひさま動物園に行くかという 2 つの意見が出た。動物園では、ちょうどふれあいイベントがあって、遠足に行くのにちょうどいいという意見でまとまった。

発表の時間

遠足の行き先、どこにする?

これから、遠足の行き先について話し合いをします。まず、みなさんの意見を聞きたいと思います。意見のある人はいますか?

私はひまわり山でハイキングをするのがいいと思います。去年行くはずだった場所ですが、雨で中止になったので、今年こそ行ってみたいと思います。

反対意見を言う前に、「クッション言葉」で前の人の気持ちを受け止めている

去年行けなかったのは残念ですよね。でもぼくは、今年はおひさま動物園がいいんじゃないかと思います。理科の教科書に出ている動物が、実際に見られるからです。

確かにひまわり山にも行ってみたいけれど、私も動物園に賛成です。ちょうど秋から、動物とのふれあいイベントが始まると聞きました。

前の人の意見に同意しながら、意見を付け足す

流れを整理すると、話し合いの方向が定まる

ひまわり山と、おひさま動物園という意見にしぼられましたね。ふれあいイベントが遠足の時期にちょうど合うなら、今年は動物園でどうでしょうか？

ほかに意見や質問のある人はいますか？　……　では、おひさま動物園に行くことにしましょう！

 で伝えよう

オンラインで話し合いをしてみよう

オンラインで話し合う？

専用のアプリを使えば、パソコンやタブレット越しに、離れた場所にいるメンバーと話し合いができます。話し合いに便利な機能もたくさんあるので、先生やおうちの人に聞きながら、じょうずに活用しましょう。

成功のカギ

準備	当日
・名前を登録しておく ・司会を決めておく	・一方的に話さない ・声掛けを大事に

当日までに名前を登録しておこう

複数の参加者がいる場合は、誰が発言しているのかわからなくならないように、自分の名前を登録しておきましょう。別のクラスや学校の人と話し合うときは、自分の名前と合わせて、クラス、学校名も入れておくとわかりやすくなります。

みんなが発言しやすいように工夫しよう

対面での話し合いと違って、全体の雰囲気がつかみにくいのがオンラインの弱点です。意見が出にくいことがあるので、「何か質問はありますか？」などと、こまめに声をかけ、みんなが発言しやすいようにしましょう。事前に司会を決めておいて、発言する人を司会が指名するのもよい方法です。

カメラをオンにする

　基本的にはカメラをオンにして、自分の顔が映る設定にしておきましょう。表情やジェスチャーから、気持ちが伝わります。ただし、余計なものが映り込まないように、カメラの事前チェックは忘れずに。また、複数の参加者がいるときは、自分の画面上に全員の顔が映るように設定しておきましょう。そうすることで、その場の雰囲気がつかみやすくなります。

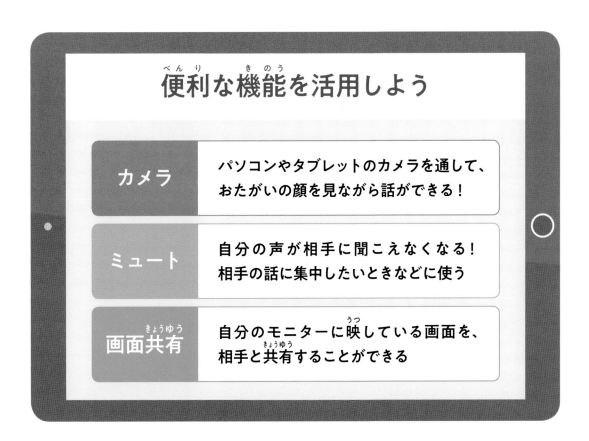

便利な機能を活用しよう

カメラ	パソコンやタブレットのカメラを通して、おたがいの顔を見ながら話ができる！
ミュート	自分の声が相手に聞こえなくなる！相手の話に集中したいときなどに使う
画面共有	自分のモニターに映している画面を、相手と共有することができる

マイクのミュート

　「ミュート」とは、音を消す機能のことです。ここでは、自分の声を相手に聞こえないようにする機能を指します。他の人の発言中はミュートに設定しておくと、余計な音が入らなくなり、その人の発言に集中できます。自分が発言するときには、ミュートを解除することを忘れないようにしましょう。

画面を共有する

　資料を見せながら発表するときに便利な機能が「画面共有」です。自分のモニターに映している画面を、他の人と共有することができます。プレゼンテーションソフトなどで資料を用意したり、写真や動画を見せたりすることで、参加者の理解が深まります。

ディベートに挑戦しよう

ディベートは、立場の異なる2つのグループが、主張を戦わせるゲームです。
最後はどちらがより説得力があったかを判定し、勝敗を決めます。
ディベートを通して、自分の主張を上手に伝え、
また、相手の主張を正しく理解する力を身につけましょう。

クラスで、「給食をやめて、
毎日おべんとうにする」をテーマに
ディベートをすることになったんだって。
初めてのディベートが不安みたい。
まずはディベートの
やり方やルールを勉強しよう！

その1 ディベートってなんだろう

ディベートでは、テーマに対する肯定派と否定派の立場に分かれて、主張を伝え合います。最後は審判がどちらの主張がより説得力があったかを判断し、勝敗を決めます。ルールと制限時間の中でやりとりをし、審判が勝敗を決める、言葉のスポーツのようなものです。

☆ ディベートの役割と席の配置

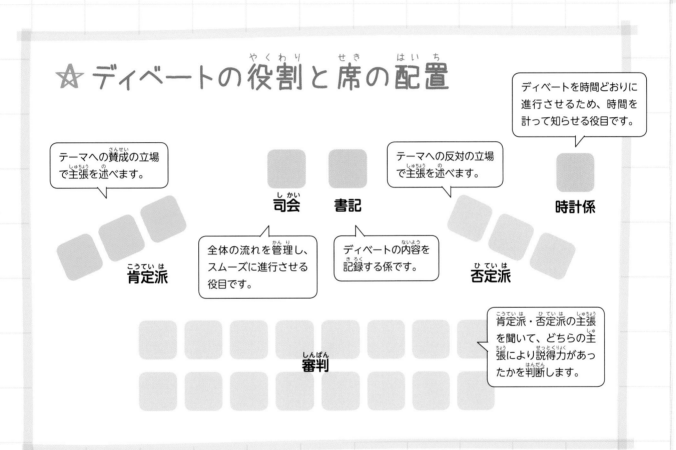

テーマへの賛成の立場で主張を述べます。

司会　書記

テーマへの反対の立場で主張を述べます。

ディベートを時間どおりに進行させるため、時間を計って知らせる役目です。

時計係

肯定派

全体の流れを管理し、スムーズに進行させる役目です。

ディベートの内容を記録する係です。

否定派

肯定派・否定派の主張を聞いて、どちらの主張により説得力があったかを判断します。

審判

やってみよう　ディベートに向くテーマを考えよう

肯定・否定の立場に分かれやすく、身近なテーマが、ディベートに向いています。ディベートのテーマとしては、例えばこんなものがあります。

・遊びに行く約束をするときは、メール？　電話？
・ペットを飼うなら、ネコ？　イヌ？
・朝食には、パン？　ごはん？
・学校の制服は必要？　必要ない？

その2 ディベートの流れ

　ディベートは決まった流れに沿って、指定された時間内で行います。肯定派、否定派が主張を述べ（立論といいます）、次にそれに対する質問・反論、それに対する答えと質問・反論…というようにくり返します。あいだには作戦タイムをはさみます。最後に全体をまとめた最終弁論を行い、結果を判定します。最初に述べた主張と最終弁論の主張は同じでなければなりません。

☆立論

肯定派、否定派がそれぞれはじめの主張を言います。自分の立場を主張し、なぜ賛成・反対なのか理由を説明します。

肯定派　「〇〇〇に賛成です。理由は△△△だからです。」

否定派　「〇〇〇に反対です。理由は□□□だからです。」

▼

☆1回目の作戦タイム

両派が主張を言ったあと、作戦タイムに入ります。相手の主張の弱い点や矛盾しているところを見つけ出し、質問や反論を考える時間です。

▼

☆質問と反論

相手の主張の中で、納得できなかったところを指摘したり、理由や根拠がはっきりしない点について質問したりします。

肯定派　「最初の主張では□□□だからということでしたが、もう少し具体的に説明してください。」

否定派　「△△△について、そうは言いきれないと思います。なぜなら、☆☆☆の場合もあるからです。」

☆2回目の作戦タイム

相手側からの質問と反論に対する答えを用意し、それを踏まえて最終弁論で述べる主張をまとめます。

☆最終弁論

ディベートの流れを振り返り、審判を説得できるよう自分たちの主張の強みを強調したり、相手の主張の弱い点をついたりして、最後の主張表明をします。

| 肯定派 | 「やはり〇〇〇に賛成です。☆☆☆の場合も含めて、△△△だからです。」 |

| 否定派 | 「やはり〇〇〇に反対です。理由は□□□と……だからです。」 |

☆判定

審判は、どちらの主張のほうにより説得力があったか、理由とともに判定メモに書きます。判定シートなどで点数をつける場合もあります。司会が審判の判定を集計して、勝敗を発表します。

| 司会 | 「15対11で、肯定派の勝ちです。」 |

ディベートは、話し合いの練習のようなもの。どうしたら相手チームに勝てるか、楽しみながら考えよう！

その3 説得力のある主張にするためには？

ディベートでは、相手チームに勝つために説得力のある主張を伝える必要があります。自分の主張と、なぜそう思ったかの理由を考え、審判を納得させられる根拠を示しましょう。

☆ 主張とその理由をまとめる

肯定・否定のどちらかの立場で、主張をまとめましょう。自分自身の本当の考えとは逆の主張をする立場になることもあります。その場合でも主張の理由を考えてまとめておきます。

☆ 説得する材料を集める

「主張＋理由」をまとめたら、説得力を高めるための材料を集めます。本やインターネットで調べたり、アンケートを取ったりして、主張の証拠や根拠とします。

☆ 反論への答えを用意する

相手側がどんな質問や反論をしてくるかあらかじめ考え、それに対する答えを用意します。答えの証拠・根拠となる材料も集めておきましょう。

やってみよう ディベート主張シートを作ろう

33ページのワークシートを活用して、主張をまとめましょう。まずテーマに対する自分たち側の主張について、理由を書き込みます。さらに、理由の説得力を高めるために「説得する材料」を用意しましょう。調べてわかったことなど、証拠を集めていきます。

次に、相手チームからの質問や反論を予想します。その質問をされたらどのように答えるかまで考えておきましょう。

ディベート主張シート

5 年　　3 組　名前　村崎 ゆかり

テーマ　| 給食をやめて、毎日おべんとうにする |

（**肯定派**）　・　否定派

まずは、理由をいくつか考えましょう。さらに、調べてわかったことをもとに、根拠（相手を説得する材料）を書き込みましょう。

理由1	根拠（説得する材料）
おべんとうのほうが健康にいい	配ぜんや片づけの時間が減らせるので、食べる時間をたっぷり取れ、よくかんで食べる習慣をつけられる
理由2	根拠（説得する材料）
かん境にもいい	一人ひとりに合った量を用意できるので、残飯が少ない
理由3	根拠（説得する材料）

相手チームからの質問・反論を予想して、回答を用意しておきましょう。

予想される質問・反論1	回答
おべんとうでも残飯が出ることもある	一人ひとりに合った量なので、給食よりは多くないはず。また、給食では配ぜんのときに余りが出るが、おべんとうは出ない
予想される質問・反論2	回答
予想される質問・反論3	回答

相手チームの立場に立って、質問と反論を考えよう！

33

発表の時間

給食をやめて 毎日おべんとうに!?

これから「給食をやめて、毎日おべんとうにする」をテーマに、ディベートを始めます。最初に肯定派の立論、次に否定派の立論をお願いします。時間は3分です。

肯

毎日おべんとうにするのに賛成します。配膳や片づけの時間が減らせることで、食べる時間をたっぷり取れ、よくかんで食べる習慣をつけられるので健康にいいからです。また、おべんとうなら残飯が少なくなるので、環境にもいいと思います。

否

毎日おべんとうにするのには反対です。理由は3つあります。1つめは、給食のほうがおべんとうよりも栄養バランスがよいからです。2つめは、おうちの人が、毎日おべんとうを用意するのは大変だと思うからです。3つめは、クラスみんなで同じ給食を食べることで、クラスの仲も深まるからです。

これから言う内容について予告しておくとわかりやすい

最初に自分たちの主張をはっきり伝える

34

ありがとうございました。ではおたがいの質問・反論の前に作戦タイムを取ります。それぞれのグループで話し合ってください。時間は2分です。

時間になりました。それでは質問・反論に移ります。肯定派からお願いします。

おべんとうも栄養を考えて作られています。給食のほうがおべんとうよりも栄養バランスが取れているとは言えないと思います。

給食の献立は、栄養についての専門知識を身につけた栄養士さんが考えています。そのため、ふつうの家庭で作るおべんとうよりも、栄養のバランスが取れた献立になっていると言えます。

確かにおべんとうを残すこともあります。ですが、おべんとうは一人ひとりに合った量を用意できるので、残飯の量も減ると考えます。また、給食では配膳のときに余りが出ることがありますが、おべんとうの場合はそれもありません。

さっき、おべんとうなら残飯が少ないと言っていましたが、どういうことですか？　おべんとうでも、残してしまうこともあると思います。

発表の時間

決着!! おべんとう派 VS 給食派

それでは最終弁論を行います。時間は3分です。肯定派からお願いします。

肯

やはり給食をやめて毎日おべんとうにするべきだと思います。おべんとうにすることで、ゆっくりよくかんで食べることができ、健康にもよいと思います。残飯についても、給食よりも少なくなると思います。以上の2つの点から、おべんとうにすることに賛成します。

否

やはり給食を続けるべきだと思います。給食は栄養士さんが献立を考えるので、おべんとうよりも栄養バランスが取れています。残飯も、盛る量の調整などで対策することができます。また、同じ給食を食べることで仲が深まると考えます。毎日おべんとうにするのには反対です。

肯定派、否定派の最終弁論が終わりました。これまでのディベートを聞いて、どちらにより説得力があったかを判定してください。手元の判定シートに判定結果を書いてください。10分後に回収します。

ここからダウンロード！

ディベート判定シート

テーマ：
給食をやめて、毎日おべんとうにする

※5点満点で評価してください。

	肯定派	否定派
主張や理由に説得力があった	1・2・3・4・⑤	1・2・3・4・⑤
話がわかりやすかった	1・2・③・4・5	1・2・③・4・5
質問・反論に回答できた	1・2・3・④・5	1・2・③・4・5
時間を守り、マナーがよかった	1・2・3・4・⑤	1・2・3・4・⑤
チームワークがよかった	1・2・3・4・⑤	1・2・3・4・⑤
合計	22 点	21 点

私の判定　　㊤肯定派　・　否定派　の勝ち！

理由

健康にも、かん境にもよいという理由が、わかりやすかったから。

判定の結果が出ました。集計の結果、16対9で、今回は肯定派の勝ちです。肯定派、否定派ともにしっかり調べてきていて、白熱したディベートだったと思います。ありがとうございました。

いろいろな話し合いに挑戦しよう

テーマに合わせて、話し合いの方法を工夫しましょう。
また、司会をすることになったらどうしたらいいかも、この章で確認しておきましょう。

これまで学んだ話し合いの
基本を生かして、
いろいろな話し合いに挑戦しよう！
自分の意見の伝え方や、相手の
意見の引き出し方は、第1〜3章で
学んだことと同じだよ。

ブレーンストーミング ▶ 40 ページ 〜

ブレーンストーミングは、思いついたアイデアを何でも出し合うという話し合いの方法で、新しいアイデアをたくさん出したいときに向いています。自由にアイデアを出し合えるよう、人のアイデアを否定しないのが大切なルールです。

アイデアをたくさん出したら、「マッピング」や「KJ法」という手法を使って整理します。「マッピング」は、一つのテーマから枝のようにアイデアをつなげていく方法で、「KJ法」は、アイデアをグループ分けして関連付ける方法です。

パネルディスカッション ▶ 44 ページ ～

　一つのテーマについて、数人のパネリストが、みんなの前で各自の意見を発表します。発表の内容をもとに、聞き手も参加してパネリストと意見を交換し、最後に全体の意見をまとめます。

　パネルディスカッションは、テーマに対して賛成・反対だけでなく、複数の意見があるときにふさわしい話し合いです。ディベートのように勝敗を決めることはありません。さまざまな見方を知ることで、テーマへの理解を深めることが目的です。

司会になったら ▶ 48 ページ ～

　司会（進行係）は、話し合いのときの大切な役割です。少人数での話し合いなら司会を決めなくてもできますが、参加者が多くなると、みんなの発言の整理をするために司会が必要になります。

　話し合いの司会は、なるべくたくさんの意見が出るように声をかけたり、参加者の意見をまとめたりするのが主な役目です。自分の意見を言う場面はあまりありませんが、みんなの意見に公平に耳をかたむけ、話し合いを導きます。

その1　ブレーンストーミング×マッピング

マッピングはブレーンストーミングの手法の一つです。アイデアを紙などの上に書き出し、新しいアイデアを枝のようにつないで広げていきます。アイデアどうしの関係がひと目でわかるので、たくさんのアイデアの中からよりよいものを生み出すのに役立ちます。

☆ 大きな紙のまん中に「テーマ」を書く

アイデアをたくさん出すために、できるだけ大きな無地の紙を用意します。教室の黒板を使ってもいいでしょう。まん中に、今日の話し合いの「テーマ」を書いておきます。

☆ 枝をのばすようにアイデアを広げていく

まん中のテーマから、枝をのばすようにアイデアを書いていきます。書き出すアイデアは、なるべく短い言葉や文にします。そのほうがみんなの想像を広げやすいからです。また、このときはほかの人のアイデアに口をはさまないことがルールです。

☆ マップからアイデアを取り出す

できあがったマップからアイデアを取り出しましょう。関係するものや似ているものを線でつないだり、気になるアイデアに印をつけたりして整理しましょう。

やってみよう　みんなの発想を楽しもう！

突飛な思いつきも、どんどん書き出しましょう。アイデアをつなぐ枝は元にもどってもかまいません。イラストで表したり色ペンを使ったりして、自由に楽しくアイデアを出し合いましょう。

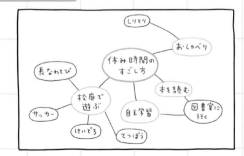

ブレーンストーミング×ＫＪ法

ＫＪ法は、ブレーンストーミングで出たアイデアをまとめるためによく使われる手法です。アイデアをグループ化し、関連付けることで整理していきます。考案した川喜田二郎（文化人類学者）のイニシャルから、ＫＪ法と名付けられました。

☆ アイデアをカードに書いて並べる

カードやふせんに、アイデアを書き出します。1枚のカードには一つの言葉だけを書いて、バラバラに置きましょう。置くときにカードを読み上げるようにすると、何が書いてあるかみんなが確認できます。

☆ カードをグループに分けて、タイトルをつける

似ているカード、共通点のあるカードをグループに分けます。はじめから大きくまとめようとせず、一つのグループにつき数枚程度にしましょう。分けられたら、それぞれを簡単に表したタイトルをつけます。

☆ グループを移動させて整理する

グループどうしを関連付けながら並べ替えます。似ているグループを近くに移動させたり、対立するグループを←→のマークでつないだりして、それぞれのグループの関係性がわかるようにします。

やってみよう　記号を使って整理しよう

グループどうしの関係がひと目でわかるように、記号を使ってみましょう。

例　- - - -：関係あり　　──→：原因・結果
　　　←→：反対・対立

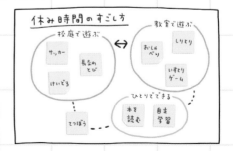

発表の時間 🕐

みんなはどんなクラスにしたい?

クラスの目標を決めるために、5人のグループで意見を出し合ったよ。今回は、マッピングの方法を使って意見を整理するみたいだね。

① 大きな紙のまん中に「テーマ」を書く

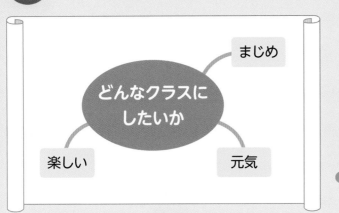

まん中に今日の話し合いのテーマ「どんなクラスにしたいか」を書いたよ。思いついたことをどんどん書き込んで、広げていこう!

② 枝をのばすようにアイデアを広げていく

私は「わすれ物をしない」クラスがいいんじゃないかと思います。「まじめ」につながるかな。

「元気」につなげるとしたら、「給食を残さない」というのはどうかな。

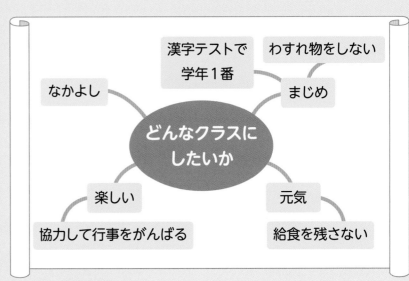

なかのいいクラスにしたいな。「なかよし」を目標にしたいと思います。

ぼくは「楽しい」につなげて、運動会とか発表会とか「協力して行事をがんばる」がいいと思う。

③ マップからアイデアを取り出そう

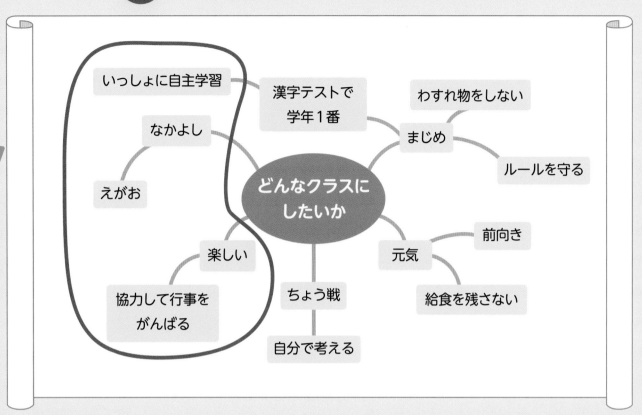

時間になったので、まとめようと思います。似ているものをつなげてみましょう。この中でまとまりを作るとしたら？

別の枝になっているけど、「協力して行事をがんばる」と「いっしょに自主学習」は、どちらもクラスで力を合わせることだね！

そうだね！　こうして線で囲むと、「いっしょに」「なかよし」「協力して」というキーワードが見つかるね。

勉強も行事も、協力してなかよく取り組むクラスにしたいね！

準備の時間 ⏱

その3 パネルディスカッションに挑戦

パネルディスカッションでは、テーマについて違う意見を持ったパネリスト数人が、最初にみんなの前で発表します。そのあとで、フロア（聞き手）も参加してパネリストと意見を交換し、最後に全体の意見をまとめます。

☆ パネルディスカッションの配置と役割

パネリスト

進行を担当します。パネリストの意見を公平な立場で聞き、フロアも含めた意見交換をうながします。

司会

書記

各パネリストがそれぞれの意見の代表者として発表します。事前に資料を用意するなどして、発表の準備をしておきます。

出た意見を記録して、後で振り返れるようにしておきます。

パネリスト全員の発表を聞いたあと、話し合いに参加し、質問したり自分の意見を言ったりします。

フロア（聞き手）

やってみよう パネルディスカッションの流れ

パネリストの発表

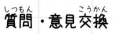

質問・意見交換

司会のまとめ

パネルディスカッションの記録

5 年　　3 組　名前　赤井　このみ

パネリストの意見を記録し、自分の考えをまとめましょう。

11 月　24 日（ 水 ）　　4 時間目

話し合いのテーマ　　未来の学校はどうなっているか		

パネリスト	発表の内容	
夕田 さん	・校則や決まりが減る ・服そうが自由になって、給食もなくなる	
相田 さん	・新しい道具や技術が使われるようになっている ・教科書やノートはタブレットになり、連らくはメールでやりとりされるようになる	
村崎 さん	・ほかの学校との交流が増える ・いくつかの学校が合同で運動会などをする	

フロア（聞き手）からの質問	答えた人	答え
デジタル化が進めば、学校に通う必要はなくなる？	相田さん	学校の目的は勉強だけではないので、学校に通うことはなくならない。
夕田さんと村崎さんの意見は似ている？	夕田さん	村崎さんに賛成。外国の人が増え、いろいろな文化がみとめられると思う。
	村崎さん	ほかの学校と交流することは、いろいろな考え方にふれるチャンス。

自分はどう考えたか

未来の学校では、新しい道具が使われているという相田さんの意見に賛成。
パソコンなどを使って、遠くの人の話を聞くこともできるので、夕田さんや村崎さんが言っていた、ちがう文化の人と交流することもあると思った。

発表の時間 🕐

みらいの学校は どうなる?

パネルディスカッションの様子を見てみよう。それぞれのパネリストの意見の違いに注目！

夕田さん

私は、みらいの学校では、校則や決まりが減ると思います。なぜかというと、これからは外国から来た人など、いろいろな文化を持つ人が増えるからです。例えば服装が自由になったり、給食もなくなったりすると思います。…

相田さん

みらいの学校では、新しい道具や技術が使われるようになっていると思います。デジタル化が進んで、学校にも取り入れられるからです。教科書やノートはタブレットになり、連絡はメールでやりとりされるようになると思います。…

村崎さん

みらいの学校を想像すると、ほかの学校との交流が増えていると思います。なぜかというと、少子化で子どもの数が減っていくためです。一つの学校の人数が減るので、いくつかの学校が合同で運動会をしたりするようになると思います。…

パネリストの意見発表が終わりました。みなさんからの質問や意見を受けつけます。

相田さんに質問です。デジタル化が進んだら、授業もオンラインになって、学校に通う必要がなくなるのではないでしょうか？

確かに、オンラインの授業もできると思います。でも、学校に行く目的は勉強だけではなく、友だちを作ったり、ほかの人と協力したりすることでもあります。だから、学校に通うことはなくならないと思います。

相田さん

夕田さんの言っていた「いろいろな文化を持つ人が増える」という意見は、村崎さんの、「ほかの学校との交流が増える」という意見と似ていると思いました。夕田さんは、村崎さんの意見をどう思いますか？

そうですね。ほかの学校との交流が増えるという意見に賛成です。さらに、これからは日本に住む外国にルーツを持つ人も増えると思うので、もっといろいろな考え方や、文化が認められるようになると考えます。

夕田さん

夕田さんの意見に付け足しです。外国の人以外にも、ほかの学校の人と交流することは、いろいろな考え方にふれるチャンスになると思います。みらいの学校では、今よりもっとたくさんの友だちが作れるようになっていると思います。

村崎さん

みらいの学校では、いろいろな文化を持つ人がいっしょに活動できるという意見、新しい道具や技術が活用されるという意見が出ました！　パネリストのみなさん、ありがとうございました。

その4 話し合いの司会に挑戦

話し合いでは司会の役割がとても大切です。みんなの意見をまとめながら、結論に向けてみんなを引っぱるためには、どんなことに注意すればよいのでしょうか。

☆ 時間を管理する

意見のやりとりをする時間と、まとめの時間とを区切って、時計を確認しながら話し合いを進めましょう。司会とは別に、「時計係」を決めて、手伝ってもらってもよいでしょう。

☆ 全員の意見が聞けるようにする

できるだけたくさんの人の意見が聞けるようにしましょう。意見がなかなか出ないときは、「口口さんはまだ意見を言っていませんが、どうですか」と声をかけたり、「周りの人と○○分間話し合ってみてください」と言って、話し合いタイムを作ったりしましょう。

☆ みんなの意見をまとめる

最後はみんなの意見を一つにまとめます。多数決で決める方法や、複数の意見を合わせた結論を出す方法があります。多数決にするときは、少数派の人たちも納得できるように、全員から意見を引き出しながら決めましょう。

やってみよう こんなときどう言ったらいいかな

行きづまったとき

今出ている意見をまとめると…となります。ほかの意見はありませんか。

話の流れがそれたとき

今は…について話し合っているので、その話題についてはあとで話し合いましょう。

司会用台本

基本の流れに沿って、話し合いを導きましょう。

10月 3日（火） ＿＿＿＿5年 3組 名前 村崎 ゆかり＿＿＿＿

話し合いテーマ 「 学級文庫にマンガを置いてもいいか 」

はじめの言葉	これから、 学級文庫にマンガを置いてもいいか について話し合います。司会の 村崎ゆかり です。よろしくお願いします。 今日の話し合いのめあては、 学級文庫にマンガを置くことについて、クラスで賛成か反対か決めること です。
意見を集める	意見のある人は手をあげてください。 茶山 さん、お願いします。
意見をまとめる	（みんなの意見をまとめると、…） 賛成では、「新しいマンガをみんなが読める」「休み時間中に読み切れる」という意見が出ました。反対では、「ルールを守らない人が増える」という意見が出ました。「勉強に役立つかどうか」については、賛成と反対の両方の意見が出ました。
多数決で決めるとき	それでは、多数決で決めたいと思います。 賛成（さんせい）の人は手をあげてください。……次に、反対の人は手をあげてください。 賛成（さんせい） 20 人、反対 15 人でした。
終わりの言葉	学級文庫にマンガを置くことに賛成 に決まりました。 これで、今日の話し合いを終わります。ありがとうございました。

発表の時間 🕐

学級文庫にマンガを置いてもいい?

これから、「学級文庫にマンガを置いてもいいか」について話し合いをします。まず、みなさんの意見を聞きたいと思います。意見のある人は手を挙げてください。…では茶山さん、お願いします。

茶山さん
　ぼくは賛成です。理由は、図書室には新しいマンガが少なく、リクエストしても図書室に入るまでに時間がかかるからです。学級文庫にマンガを置けたら、新しい作品をみんなが読めるようになります。

赤井さん
　私はマンガを置くのに反対です。私は3年生のとき図書係をしていたのですが、そのときにマンガを置くことにしたら、貸し出しのルールを守らない人が増えてしまいました。学級文庫にマンガを置くのはやめたほうがいいと思います。

黒板にまとめると
こうなるね！

10月3日火曜日　直　村崎さん　日　森沢さん

学級文庫に
マンガを置いてもいいか

〇賛成
茶山さん　新しいマンガを
みんなが読めるから
黒沢さん　休み時間中に読み切れるから
灰野さん　勉強に役立つマンガもあるから

×反対
赤井さん　ルールを守らない人が
増えるから
土田さん　マンガは学校の勉強と
関係ないから

　時間になったので、みんなの意見をまとめます。賛成では、「新しいマンガをみんなが読める」「休み時間中に読み切れる」という意見が出ました。反対では、「ルールを守らない人が増える」という意見が出ました。これについては反論もありました。また、「勉強に役立つかどうか」については、賛成と反対の両方の意見が出て、考え方が分かれました。
　最後は多数決を採って決めたいと思います。では、マンガを置くことに賛成の人は手を挙げてください。

⋮

　賛成20、反対15です。今日の話し合いでは、学級文庫にマンガを置くことに賛成の人が多い結果になりました。意見のあった貸し出しルールや、置いてもよいマンガの種類については、もう一度話し合いましょう。これで今日の話し合いを終わります。

インタビューシート

年　　　組　名前

下調べの結果と、質問事項をまとめて、インタビュー中に使えるシートを作っておきましょう。

インタビューする相手	

日時	月　　日　　時　　分〜　　時　　分	場所	

下調べでわかったこと

質問①	➡	答え
質問②	➡	答え
質問③	➡	答え

聞き取りメモ

話し合いの記録

年　　　組　名前 _____

みんなの意見を記録しておきましょう。話し合いの最中は、簡単にメモをとっておいて、あとできれいにまとめてもよいでしょう。

　　月　　　日　（　　）　　時間目

話し合いのテーマ	
発表した人	**意見の内容**
さん	（意見） （理由）
さん	（意見） （理由）
さん	（意見） （理由）
さん	（意見） （理由）
話し合いの結果	

ディベート主張シート

年　　組　名前 _____

テーマ | _____ |

肯定派　・　否定派

まずは、理由をいくつか考えましょう。さらに、調べてわかったことをもとに、根拠（相手を説得する材料）を書き込みましょう。

理由1	根拠（説得する材料）
理由2	根拠（説得する材料）
理由3	根拠（説得する材料）

相手チームからの質問・反論を予想して、回答を用意しておきましょう。

予想される質問・反論1	回答
予想される質問・反論2	回答
予想される質問・反論3	回答

ディベート判定シート

テーマ：

※５点満点で評価してください。

	肯定派	否定派
主張や理由に説得力があった	1 ・ 2 ・ 3 ・ 4 ・ 5	1 ・ 2 ・ 3 ・ 4 ・ 5
話がわかりやすかった	1 ・ 2 ・ 3 ・ 4 ・ 5	1 ・ 2 ・ 3 ・ 4 ・ 5
質問・反論に回答できた	1 ・ 2 ・ 3 ・ 4 ・ 5	1 ・ 2 ・ 3 ・ 4 ・ 5
時間を守り、マナーがよかった	1 ・ 2 ・ 3 ・ 4 ・ 5	1 ・ 2 ・ 3 ・ 4 ・ 5
チームワークがよかった	1 ・ 2 ・ 3 ・ 4 ・ 5	1 ・ 2 ・ 3 ・ 4 ・ 5
合計	点	点

私の判定　　　肯定派　・　否定派　　の勝ち！

理由

NDC 809　言語生活

話す力・聞く力がぐんぐん育つ
発表の時間 全2巻
❷理解が深まる話し合い

学研プラス 2021　56P　28.5cm
ISBN 978-4-05-501341-3　C8337

【装丁・本文デザイン】
岩瀬 恭子（株式会社フレーズ）

【表紙・本文イラスト】
伊藤 美樹

【執筆】
澤野 誠人（株式会社ワード）
神保 りょう子（株式会社ワード）

【編集協力】
高木 直子
田中 裕子

【企画編集】
小林 彩
徳永 智哉

話す力・聞く力がぐんぐん育つ
発表の時間
②理解が深まる話し合い

2021年2月23日　第1刷発行

発行人　　川畑 勝
編集人　　志村 俊幸
編集長　　小椋 恵梨
編集担当　小林 彩、徳永 智哉
発行所　　株式会社　学研プラス
　　　　　〒141-8415
　　　　　東京都品川区西五反田 2-11-8
印刷所　　凸版印刷株式会社
ＤＴＰ　　株式会社四国写研

〈この本に関する各種お問い合わせ先〉
● 本の内容については、下記サイトのお問い合わせフォームよりお願いします。
　https://gakken-plus.co.jp/contact/
● 在庫については
　Tel　03-6431-1197（販売部）
● 不良品（落丁、乱丁）については
　Tel　0570-000577
　学研業務センター
　〒 354-0045　埼玉県入間郡三芳町上富 279-1
● 上記以外のお問い合わせは
　Tel　0570-056-710（学研グループ総合案内）

学研の書籍・雑誌についての新刊情報・詳細情報は下記をご覧ください。
学研出版サイト　https://hon.gakken.jp/

本書で紹介したワークシートは
下のURLからもダウンロードできます。

https://gakken-ep.jp/extra/happyotime/

※ダウンロードサービスは、当社の判断により予告なく変更・終了する場合がございます。